AF224380

INSTITUTION SAINT-ÉTIENNE

DE CHALONS-SUR-MARNE

DISCOURS

PRONONCÉ

A LA DISTRIBUTION SOLENNELLE DES PRIX

LE 28 JUILLET 1894

PAR M. L'ABBÉ ÉTIENNE

PROFESSEUR A L'INSTITUTION

CHALONS-SUR-MARNE

MARTIN FRÈRES, IMPRIMEURS-ÉDITEURS, PLACE DE LA RÉPUBLIQUE

1894

INSTITUTION SAINT-ÉTIENNE

DE CHALONS-SUR-MARNE

DISCOURS

PRONONCÉ

A LA DISTRIBUTION SOLENNELLE DES PRIX

LE 28 JUILLET 1894

PAR M. L'ABBÉ ÉTIENNE

PROFESSEUR A L'INSTITUTION

CHALONS-SUR-MARNE

MARTIN FRÈRES, IMPRIMEURS-ÉDITEURS, PLACE DE LA RÉPUBLIQUE

—

1894

DISCOURS

PRONONCÉ

A LA DISTRIBUTION SOLENNELLE DES PRIX

AUX ÉLÈVES DE L'INSTITUTION SAINT-ÉTIENNE

LE 28 JUILLET 1894

MONSIEUR LE VICAIRE GÉNÉRAL,
MESSIEURS,

En parcourant les annales du passé, ne vous semble-t-il pas que l'histoire la plus attachante soit l'histoire de la France ? Qu'on la prenne à son berceau au baptistère de saint Remy ; qu'on la suive à travers les siècles du moyen-âge quand Charlemagne et l'Eglise soumettent et convertissent les barbares, quand Godefroy de Bouillon entraîne l'Europe chrétienne à la conquête du Saint-Sépulcre, quand saint Louis, admirable dans la paix comme à la guerre, écoute et pacifie ses peuples, ou quand notre Jeanne d'Arc boute l'Anglais hors de nos frontières ; qu'on la considère, à l'époque moderne, dans les splendeurs du grand siècle ou dans l'éblouissant éclat de l'épopée impériale, n'est-ce pas, en dépit de nos passagères défaillances, une trame merveilleuse de solides vertus, d'actions héroïques, d'exploits chevaleresques ? je comprends à ce spectacle l'admiration des étrangers eux-mêmes et je ne m'étonne plus du mot du poète :

Tout homme a deux pays, le sien et puis la France,

Mais je comprends aussi la passion de ces chercheurs de notre temps qui ont le culte de notre histoire et qui se sont donné la mission, ardue parfois, de n'en rien laisser perdre : l'enfant se plait à recueillir et garde avec piété les souvenirs de sa mère. Aussi ai-je cru, Messieurs, sans prétendre pourtant rien vous découvrir de nouveau, pouvoir détacher ici une page tout à l'honneur de notre race et la présenter à votre admiration. Je serais heureux si je réussissais à vous donner une idée de l'âme canadienne qui est nôtre, en vous montrant tout ce qu'il y a eu d'initiative et de vaillance et tout ce qui reste d'indomptable énergie chez ces Français du Nouveau-Monde qui, je vous l'assure, n'ont pas dégénéré, car « bon sang ne saurait mentir. »

Mais, avant de commencer, vous me permettrez, M. le Vicaire général, de vous remercier de la bienveillance toute particulière qu'il vous plaît de nous accorder. La jeunesse vous est chère puisqu'elle est l'espérance, et vous aimez ce collège puisqu'il est une liberté. Aussi d'avance votre sympathie était acquise à notre œuvre ; aujourd'hui vous nous en apportez une fois de plus le précieux témoignage : nous vous en sommes profondément reconnaissants.

I.

Le premier Canadien, Messieurs, c'est le malouin Jacques Cartier.

On était à l'aube de la Renaissance et déjà elle avait suscité chez nous de grandes choses. On avait tiré de l'oubli les chefs-d'œuvre de la Grèce et de Rome, on les étudiait avec ardeur, et à leur contact notre génie épuré, transformé, redevenait fécond. Déjà l'histoire avait Commines, la poésie Clément Marot et Rabelais publiait cette œuvre de haute fantaisie qui est par endroits, mais par endroits seulement, « le mets des délicats. »

Les arts, ces nobles fleurs au vent du ciel écloses,

entr'ouvraient partout leurs brillantes corolles. Peintres, sculpteurs, architectes, toute une floraison d'artistes s'épanouissait au souffle inspirateur d'un prince galant homme. Cependant quand tout se transformait et se métamorphosait ainsi, une gloire manquait encore à François Ier. L'Espagne était établie dans le Nouveau-Monde et le drapeau du Portugal flottait au Brésil et jusqu'aux rivages de l'Océan indien ; mais la France, si active pourtant, si entreprenante, si audacieuse, semblait jusque-là se désintéresser de ces lointaines conquêtes : elle aimait l'Italie alors où elle croyait avoir des droits, et c'est de ce côté que se portaient tous ses efforts et ses ambitieuses espérances. Des déceptions et la nécessité donnèrent enfin un autre cours aux idées du roi. « Eh ! quoi, dit-il un jour avec une fine bonhomie, les rois d'Espagne et de Portugal se partagent tranquillement toute l'Amérique sans souffrir que j'y prenne part comme leur frère. Je voudrais bien voir l'article du testament d'Adam qui leur lègue cet héritage », et il chargea J. Cartier de lui conquérir une portion du Nouveau-Monde.

Jeune, hardi, avide d'aventures, Cartier accepta l'offre du roi. Mais si la tâche était grande et digne de son courage, elle était périlleuse. Reviendrait-il jamais ? Ne risquait-il pas de se perdre, lui et les siens, dans les espaces sans limites de « la Mer ténébreuse. » Une mort inconnue, inutile, cruelle serait peut-être l'unique récompense parmi les hommes de ses rêves de conquête et de gloire. Sa foi de Breton le réconforta. « Chacun se confessa, dit-il, et reçûmes tous ensemble notre Créateur en l'église cathédrale au chœur de laquelle l'évêque officiant en ce jour nous donna sa bénédiction. » C'est là, Messieurs, le sacre de la France américaine à son berceau et la première page de son histoire.

Trois jours après, le 19 mai 1535, Cartier, nouveau Colomb, levait l'ancre et gagnait la haute mer toutes voiles au vent. Le voyage fut rude et les dangers sans nombre. Pourtant après avoir vogué plus de deux mois, la petite flottille arriva saine et sauve à l'entrée d'un fleuve large comme une mer ; comme on était au 10 août, on l'appela le Saint-Laurent. On aurait pu débarquer sur ces rivages et s'y établir ; mais ce n'était pas quelques lieues de côtes que François Ier avait demandé à ses marins : il attendait d'eux la découverte d'un monde. Aussi, bien qu'on fût sans guides, qu'on aperçût ici des bas-fonds, là des écueils et que tout parût menaçant : « En avant », dit Cartier, et défiant tout, il s'engagea dans l'entonnoir du grand fleuve. Il alla longtemps, ne laissant derrière lui que des îlots dénudés, de sauvages promontoires et des gorges profondes et mystérieuses. Mais tout-à-coup les rives, jusque là si éloignées l'une de l'autre, se rapprochèrent. Un superbe amphithéâtre tout couvert de forêts se dressa sous les yeux du navigateur, et au centre il vit se détacher les assises puissantes du cap Diamant baignées par les eaux du fleuve. Debout, glorieux, souriant, il triomphait enfin à force de résolution et de persévérance. On se mit à genoux sur les ponts des navires et aussitôt les bois, les vallons, les coteaux qui n'avaient guère entendu jusque-là que le cri perçant des sauvages retentirent d'un hymne au Créateur. Le lendemain, dit le poète canadien de la *légende d'un peuple*, au front de la montagne d'où Québec domine aujourd'hui la plaine,

> Une bannière blanche au pli fleurdelisé,
> Drapeau par la tempête et la mitraille usé,
> Flottait près d'une croix, symbole d'espérance.
> L'avenir souriait à la Nouvelle-France.

Cartier continua sa route et bientôt il était au bord des grands rapides. Une montagne les dominait. Il lui donna en l'honneur du roi le nom de Montréal et il s'en revint vers Québec, puis de là vers la France.

Le Canada était découvert. Il était à nous. Mais il se passa, Messieurs, bien des années avant que la France se souvînt de sa colonie naissante. La lutte de François Ier contre l'Espagne était devenue de plus en plus âpre et il n'était pas trop de toutes les forces vives de la mère-patrie pour faire face au danger. Ces rivalités cessèrent ; mais les guerres de religion mirent de nouveau les armes aux mains des Français et tant qu'elles durèrent, on oublia le chemin du Saint-Laurent. On ne le reprit que sous le règne fortuné d'Henri IV. De Mons (1605) s'établit en Acadie ; Champlain, le père et le créateur du Canada, bâtit Québec (1606) et bientôt (1642) Maisonneuve jetait les fondements de Montréal. A peine débarqué, il faisait dresser un autel et célébrer le saint sacrifice. « Vous êtes, dit le prêtre aux nouveaux venus, un grain de sénevé qui va germer et grandir jusqu'à ce que ses rameaux ombragent la terre. Vous êtes peu nombreux, mais votre œuvre est celle de Dieu, son sourire est sur vous et vos enfants rempliront la contrée. » La prophétie, Messieurs, est aujourd'hui réalisée et les Canadiens qui n'étaient que 60,000 il y a cent ans, sont déjà près de 3,000,000. Ainsi se trouvèrent occupées les rives du Saint-Laurent, alors encore tristes et solitaires, et maintenant couvertes de maisons blanches, de villages prospères et de populeuses cités.

Il restait à pénétrer dans le cœur du pays. Ce fut, avant d'être l'œuvre des colons, l'œuvre des missionnaires encouragés bientôt par le premier évêque de Québec, Mgr de Montmorency-Laval. D'intrépides jésuites, le P. Brébœuf, le P. Allouez, le P. Rasles, le P. Marquette et tant d'autres, se jetèrent dans les forêts épaisses ; ils allèrent droit à l'Indien, lui apportant le salut et leur vie, et il s'est trouvé que, par surcroit, des rives de la baie d'Hudson jusqu'aux sources lointaines du Saint-Laurent, ils l'ont partout conquis à la France. Cependant l'œuvre de la conquête n'était pas achevée. Ce fut un noble Rouennais, Cavelier de la Salle, qui la conduisit à bonne fin. Marchant sur les traces du P. Marquette et du Canadien Joliett, il alla plus loin qu'eux. Il franchit comme eux la région des portages et par la vallée de l'Illinois arriva à son tour sur les rives du Mississipi, ce rival du Saint-Laurent. Intrépide jusqu'à la témérité, il descendit le fleuve jusqu'à son embouchure et le premier il eut la gloire de planter le drapeau de la France sur les bords même du golfe du Mexique.

La France, n'est-il pas vrai, pouvait être fière de ses enfants qui, comme des coureurs dans la carrière, s'étaient passé de main en main le flambeau de la civilisation et de la foi,

Et quasi cursores vitai lampada tradunt.

Allant toujours de l'avant, ils lui avaient donné un monde immense. Son nom, son influence, son autorité s'étendaient sur des espaces sans fin et, en jetant les yeux sur une carte du Nouveau-Monde, elle pouvait être désormais sans ambition comme sans envie.

II.

Vous venez de voir, Messieurs, ce que des Français avaient fait en moins d'un siècle à force d'initiative et d'audace : ils avaient taillé à leur patrie, à travers l'Amérique, le plus bel empire qu'elle ait pu rêver. Mais déjà le temps était proche où elle allait être obligée de le défendre contre une rivale jalouse et puissante.

Au commencement du XVIIe siècle, l'Angleterre s'était établie au sud du Saint-Laurent et elle ne pouvait souffrir que notre colonie s'épanouît libre et florissante au soleil du Nouveau-Monde. Dans ces vastes régions, il ne devait y avoir, lui semblait-il, de place que pour elle. Aussi, quand elle entendit parler des explorations de Marquette et de Cavelier de la Salle, quand elle se vit enfermée par ces hardis explorateurs dans une sorte de réseau aux mailles serrées, elle fut prise de colère et d'effroi. Elle s'imagina n'être plus en sûreté derrière l'Alléghany et déjà elle se voyait rejetée dans les brumes de l'Océan. A partir de ce jour sa résolution fut prise et Franklin, le doux et pacifique Franklin, ne cessa de redire ce refrain terrible qui rappelle celui du vieux Caton : « Pas de repos, pas de repos à espérer pour nos treize colonies tant que les Français seront maîtres du Canada ». C'était la guerre et dans cette lutte allait se jouer la destinée sociale et religieuse du Nouveau-Monde.

Les Anglais se firent la main en Acadie. L'Acadie était le poste avancé du Saint-Laurent ; c'était le rempart de la Nouvelle-France. Bien que soumise aux ennemis depuis le traité d'Utrecht (1713), son cœur battait à l'unisson du nôtre et l'Anglais ne pouvait compter sur elle. Etre fidèle était un crime : elle fut supprimée. Au mois de juin 1755, le gouverneur Laurence réunit tous les colons français dans leurs églises et là ils apprirent avec stupeur qu'ils étaient condamnés à la déportation. On les mena sous les yeux de leurs femmes et de leurs enfants en pleurs jusqu'aux navires qui les attendaient et on les conduisit en exil, en masse, parce qu'ils aimaient Dieu et parce qu'ils aimaient la France. « Je ne sais, dit en parlant du « grand dérangement » le poète d'*Evangéline*, si les annales du Nouveau-Monde conservent le souvenir d'une peine aussi injuste ». Mais qu'importait aux Anglais puisque la route du Saint-Laurent désormais était libre ?

Ils s'y engagèrent bientôt. Mais ils devaient trouver à qui parler. Plus que jamais les Canadiens se souvinrent de leurs origines. Ils avaient, et ils le sentaient, du sang des croisés dans les veines ; leur aïeule, à eux aussi, était Jeanne d'Arc, qui naguère avait chassé de France les armées anglaises et ils avaient l'invincible confiance que ce qu'elle avait fait là-bas ils le pouvaient chez eux. Du reste ils avaient dans leur propre histoire de quoi leur donner du cœur. Si Champlain, Québec à peine fondée, avait du un jour de surprise remettre la place (1623), Frontenac, secondé par le brave d'Iberville avait relevé plus tard l'honneur de la colonie (1690). Assiégé à son tour, il avait répondu aux sommations arrogantes des envoyés de l'anglais Phipps : « Allez dire à votre maître que je lui répondrai par la bouche de mes canons » ; un de ses boulets avait abattu le pavillon amiral, l'un de ses Canadiens avait recueilli ce trophée, sous les balles, en plein fleuve, et quelque temps après la flotte ennemie en déroute levait l'ancre. A une époque plus rapprochée, à la veille de la lutte suprême, Washington, celui-là même que les Américains appelleront plus tard le père de la patrie, capitulait sur les bords de l'Ohio entre les mains d'un officier français. Quand on a, Messieurs, de tels souvenirs de gloire, on peut avoir confiance.

Aussi Montcalm, le héros des derniers combats, envoyé de France à l'heure décisive avec le chevalier de Lévis, était-il sans crainte.

En attendant la flotte anglaise qui se préparait à faire voile vers Québec, il alla partout à l'ennemi. Il lui prit une de ses places sur l'Ontario et bientôt après il lui infligeait à Carillon, sur le lac Champlain, la plus éclatante défaite (1758). Il n'avait autour de lui qu'une poignée de soldats et pourtant il dispersa les masses anglaises en leur tuant 5,000 hommes. « Quelle journée pour la France, écrivait-il lui-même le soir de la bataille ! quelles troupes que les nôtres ! je n'en ai jamais vu de pareilles. » Le drapeau de Carillon, Messieurs, existe encore. Il est une relique sacrée du passé et c'est autour de lui que se groupent aujourd'hui les Canadiens français dans les grandes fêtes nationales.

Il avait été à la gloire. Il fut hélas ! presque aussitôt le témoin des suprêmes défaites. L'anglais Wolfe, conduit par un traître, était arrivé avec sa flotte au pied du cap Diamant. Longtemps il dut se contenter d'une simple croisière et d'un bombardement sans résultats. Il désespérait même ; pourtant il était à la veille du triomphe. Le 17 septembre 1759, pendant la nuit, il trompa la vigilance de nos troupes. Débarqué en amont du fleuve sans être aperçu, il prit un sentier abrupt qui n'était pas gardé et, gravissant la colline, vint offrir la bataille devant la place sur le plateau d'Abraham. Ce jour-là se décidèrent les destinées de notre colonie tout entière. Les deux armées combattirent avec une égale énergie et leurs généraux firent des prodiges de valeur; mais ils tombèrent l'un et l'autre frappés à mort. « Ils fuient, ils fuient, dit à Wolfe l'officier anglais sur les genoux duquel il allait mourir.» — « Déjà », dit le mourant, et il ajouta : « Je meurs content ». A peu près au même instant, le chirurgien qui soignait Montcalm lui apprenait que sa mort était prochaine. « J'en suis content », répondit-il à son tour ; « je ne vivrai pas pour voir la reddition de Québec ». Le commandant de la place étant venu lui demander des ordres : « Je confie à votre garde, lui dit-il, l'honneur de la France ; pour moi, je passerai la nuit avec Dieu, je me préparerai à la mort ». Le lendemain, à quatre heures du matin, il expirait après avoir reçu les Sacrements de l'Eglise. On l'enterra le soir même, sous la chaire de l'église des Ursulines, dans une fosse creusée par une bombe anglaise : c'était la tombe qui convenait à ce héros. Quelques jours après, Québec se rendait.

La prise de la ville aurait dû terminer la guerre. Mais il vous souvient, Messieurs, de nos dernières défaites. Des Français, des Canadiens se rendent-ils jamais ? Perdent-ils jamais l'espérance ?

Lévis avait pris le commandement des débris de l'armée : il se retira sur Montréal. Quand l'ennemi était sans crainte, il reparut à l'improviste sur le plateau d'Abraham et, d'assiégé devenu assiégeant, il écrasa ses vainqueurs. Il manquait de poudre. En attendant les secours de la mère-patrie, il se contenta d'établir le blocus. Les deux partis étaient également épuisés. Lequel des deux recevrait le premier du renfort. Hélas ! la première voile qui apparut à l'horizon était une voile anglaise : Lévis était perdu. Il reprit tristement pour la seconde fois le chemin deMontréal et là il attendit la fin de cette lamentable histoire : M. de Vaudreuil, le dernier gouverneur, remit la colonie tout entière, de l'embouchure du Saint-Laurent à l'embouchure du Mississipi, entre les mains des Anglais.

Ces braves gens, Messieurs, ne purent se résoudre à leur infortune. Lévis se retira dans une île du fleuve avec les 2000

hommes qui lùi restaient et, quand il reçut, lui aussi, l'ordre de
se rendre, faisant avancer les drapeaux devant un grand feu,

> Refoulant ses sanglots, dévorant son affront,
> Sur les fleurs de lys d'or, il inclina son front
> Et, dans l'émotion d'une étreinte dernière,
> De longs baisers d'adieu couvrit chaque bannière.
> Et maintenant, dit-il, mes enfants, brûlez-les
> Avant que d'autres mains les livrent aux Anglais.

Pendant qu'il donnait ce noble exemple, Vauquelain, qui com-
mandait sur le Saint-Laurent le dernier de nos vaisseaux l'*Ata-
lante*, refusait, seul contre trois, d'amener son pavillon. Il avait
perdu tous ses hommes, ses canons s'étaient éteints l'un après
l'autre et il luttait toujours, il luttait sans espérance, sauvant
au moins l'honneur du drapeau.

On croirait, Messieurs, entendre une page d'épopée, car jamais poète ne tira de son cœur et de son âme rien de plus
héroïquement beau. Et pourtant, j'ai honte de le dire, la nouvelle
du désastre fut accueillie en France comme une délivrance. « Enfin
le roi pourra dormir tranquille », s'écria Mme de Pompadour ;
à Ferney, Voltaire illumina en signe de joie, et le ministre de
Choiseul, après avoir tout cédé aux Anglais, déclara avec une
ineffable naïveté qu'enfin il les tenait. Dans ce siècle de frivolité
et de plaisir, on ne s'aperçut pas qu'on perdait l'empire du Nouveau-Monde. Aussi, à la pensée de telles défaillances, c'est avec
tristesse, avec un sentiment d'amertume profonde qu'on parcourt
ces vastes pays d'outre-mer où se parle maintenant la langue
anglaise, où règne le Protestantisme et où, si Louis XV avait
eu souci des intérêts de la France, l'on ne connaîtrait aujourd'hui
sans doute d'autre langue et d'autre foi que la nôtre.

III.

Ne croyez pas, Messieurs, que la triste défaite ait tari toute vaillance au cœur des Canadiens. Quand l'Angleterre, éclairée par l'expérience ou contrainte par la nécessité, fut devenue à leur égard plus libérale, ils combattirent avec elle et pour elle ces Anglo-Américains qui naguère leur avaient fait tant de mal, et en 1812, à Chateauguay, ils la sauvèrent. Ils s'en souviennent avec fierté et à celui qui d'un geste ironique leur montre, flottant encore au dessus de leurs murs, l'étendard des vainqueurs : « Il est vrai, répondent-ils, mais sans nous, il ne serait plus là. » A une époque plus récente, les Etats de l'Eglise étaient en danger, ils coururent, ils volèrent au secours de Pie IX et, si vous demandez à Charette ce qu'ils valaient, il vous dira que parmi ses zouaves, ces croisés de notre temps, ils furent des braves parmi les braves. Ils continuaient ainsi hors de chez eux et pour d'autres leurs glorieuses traditions et je comprends de mieux en mieux ce cri mélancolique et attendri du poète canadien :

> O notre histoire, écrin de perles ignorées,
> Je baise avec amour tes pages vénérées.

Cependant, depuis plus d'un siècle, ce n'est plus guère sur les champs de bataille qu'ils ont dépensé le trésor de leurs énergies. Ils continuèrent à être courageux sans doute, et comment auraient-ils cessé de l'être? mais ils le furent d'autre sorte. Abandonnés de la mère-patrie, ils ne s'abandonnèrent pas eux-mêmes, et si c'en était fait de leur indépendance perdue, ils voulurent conserver tout le reste. Ils étaient, semble-t-il, à la merci des Anglais, ils devaient tout en attendre et tout en craindre, et c'est eux, Messieurs, fortifiant exemple de ce que peut l'action publique résolue, disciplinée, persévérante, infatigable, c'est eux, là comme dans les plaines d'Abraham, qui, menés à la victoire par un autre O'Connell, ont vaincu leurs vainqueurs. Ils se sont imposé, ces héros du patriotisme, et cela sans trève, sans relâche, toutes les luttes, tous les sacrifices, toutes les souffrances et parce que c'est notre lot, dit l'apôtre, que tout s'enfante et vienne dans les pleurs, ils ont sauvé par-là, avec leurs antiques franchises, tout ce qu'ils avaient au monde de plus cher et de plus sacré, l'amour de la France, notre langue et notre foi.

De ce côté de l'Océan, Messieurs, il est difficile de se faire une juste idée de la fidélité de leur souvenir : l'exilé a en effet de ces incompréhensibles tendresses pour le pays qui était le sien et qu'il a perdu. En 1855, un siècle après

> Que notre vieux drapeau trempé de pleurs amers,
> Ferma son aile blanche et repassa les mers,

une de nos corvettes jetait l'ancre devant le cap Diamant. La nouvelle se répandit vite dans le pays tout entier ; bientôt, de tous les points de l'horizon, on vit accourir en foule les Canadiens qui venaient, les yeux pleins de larmes, revoir flotter au vent les couleurs de la patrie, et le père disait à son enfant :

> Ce pavillon qui brille dans la nue,
> Incline-toi, mon fils, c'est à nous celui-là.

Cela se passait quand nous étions heureux. Aux jours de deuil la voix du sang parla de nouveau. On venait d'annoncer à Québec le désastre de Sedan. Le soir même une troupe de vaillants cœurs montait au consulat de France en chantant notre hymne national. « On nous apprend, dirent-ils au consul, que la France a besoin de soldats. Nous sommes d'un sang qu'on n'intimide guère et nous voulons partir pour elle. Nous ne sommes que cinq cents aujourd'hui, mais demain dix mille vous répondront. » Ils oubliaient dans notre infortune qu'ils étaient sujets anglais et qu'ils devaient,

eux aussi, respecter le droit des gens : ils ne purent partir.
Mais n'est-il pas vrai que seule la fidélité du cœur peut engen-
drer de tels dévouements ?

En conservant notre souvenir, les Canadiens ont voulu conserver aussi notre langue. Sans doute ils savent ce qu'elle vaut
et qu'il n'en est guère ni de plus claire ni de plus alerte. Mais
ce n'est pas pour elle-même qu'ils l'ont gardée ; c'est parce
qu'elle était pour eux la voix aimée de la patrie. Elle leur par-
lait de leur passé; elle leur rappelait le pays des ancêtres et ces
généreuses provinces d'où leur étaient venus tant de braves cœurs
et, en l'entendant résonner à leurs oreilles, ils avaient l'illusion
qu'autour d'eux rien n'était changé. Pouvaient-ils jamais la
désapprendre ? Au foyer, à l'école, à la tribune, en dépit des
menaces comme en dépit des lois, ils n'en eurent pas d'autre
et c'est pour cela qu'à l'heure présente elle se parle sur les bords
du Saint-Laurent comme sur les rives de la Seine, là-bas
comme ici pleine de jeunesse, de vie et aussi, je l'espère, d'im-
mortalité.

Mais entre tous les trésors apportés de la patrie, il n'y en avait
pas qui fût plus cher au Canadien que sa foi religieuse. Elle lui
était venue avec les premiers navigateurs, avec Cartier, avec
Maisonneuve, avec Champlain, ce robuste chrétien pour qui
« le salut d'une âme valait mieux que la conquête d'un empire. »
Elle l'avait soutenue à l'époque des grandes aventures ; dans
les jours difficiles, elle avait doublé ses énergies, et depuis lors
elle avait donné aux âmes une force, une cohésion invincibles.
De tels bienfaits sont de ceux qui ne s'oublient pas. Aussi le
Canadien a-t-il voulu sauver sa foi avec tout le reste. On per-
sécuta ses prêtres qu'il aimait, on mit des entraves à leur minis-
tère, on tenta de les séduire afin d'atteindre en eux la religion
elle-même ; mais pendant qu'ils restaient forts et invincibles,
autour d'eux le troupeau tout entier demeura sans défaillance.
Aussi aujourd'hui la croix des ancêtres est honorée là-bas
comme au temps des Frontenac et des Montmorency-Laval
et l'Anglais lui-même qui n'a pu l'abattre, s'incline devant elle.
N'a-t-on pas vu en effet en ces dernières années tous les pou-

voirs publics venir déposer leurs hommages aux pieds de Mgr
Taschereau, archevêque de Québec, élevé à la pourpre, et n'est-
ce pas là la plus belle récompense d'un siècle de luttes et d'invincible constance ?

Il reste pourtant une dernière ambition au cœur du Canadien
qui a déjà tant fait : il rêve avec les catholiques des Etats-Unis
de donner l'Amérique à l'Eglise, et de payer ainsi la rançon des
fautes de Louis XV. C'est peut-être une illusion, et cependant
ne lui est-il pas permis, surtout après l'Encyclique si confiante
de Léon XIII aux princes et aux peuples, de se laisser aller lui-
même à l'espérance ? Puisse le succès couronner son entreprise,
et la race française ajouter ainsi une page de plus à ce livre
immortel qu'on a coutume d'appeler : *Gesta Dei per Francos!*

Au dernier salon, Messieurs, les études de M. James Tissot
sur la vie et l'œuvre de J.-C. étaient dominées par un tableau
significatif. Deux misérables, vieux, infirmes et succombant l'un
près de l'autre sous le poids de toutes les douleurs, s'abritent
parmi des ruines, ruines récentes, nous dit l'artiste, ruines de
la civilisation moderne qui s'est trop fiée à la science et qui se
sent périr faute d'une foi religieuse. Tout près, souffrant comme
eux, meurtri comme eux et doucement silencieux, est assis un
compagnon, un frère, celui qu'ils appellent un Dieu. Une cha-
leur bienfaisante se dégage de ce voisinage divin. Les deux
malheureux se sentent peu à peu réconfortés et ils reprennent
courage au contact de celui qui donne d'ineffables espérances et
des consolations infinies. Sans doute c'est vers le Christ qu'il
faut se tourner aux heures de lassitude et de défaillances : là, là
surtout, est la source de toutes les énergies et de tous les relè-
vements. Mais l'histoire, elle aussi, mes chers amis, a déjà ses
encouragements et ses salutaires leçons ; ne vous semble-t-il pas
que l'histoire canadienne en particulier soit pleine de réconfort
et ne serait-ce pas tout profit pour vous d'imiter bientôt dans la

vie la résolution, la vaillance, les généreuses initiatives de ces frères du Nouveau-Monde dont le bras sait entreprendre et dont le cœur sait oser ? Je l'ai pensé et c'est mon excuse en vous rappelant leur souvenir. Pourtant j'en ai une autre. Dans les jours trop vite passés d'un rapide voyage, j'ai vu le Canadien, j'ai pu lui parler et l'entendre, je l'ai admiré, je l'ai aimé et j'avais envers lui une dette de cœur que j'ai tenté de solder. Aussi oserai-je, en terminant, emprunter ces accents émus d'une Française :

O Canada....., perle du Nouveau-Monde,

Vers la douce lueur de ta lointaine terre
La France jette encor ses regards éperdus
Et dit, en te pleurant comme pleure une mère :
Mes fils les plus aimés sont ceux que j'ai perdus.

Châlons, imp. Martin frères.